NOTICE HISTORIQUE

DE

NOTRE-DAME

DE GAILLAN

PAR

J. MONLEZUN,

CHANOINE D'AUCH ET DU PUY.

Se vend au profit de cette Chapelle.

AUCH,

IMPRIMERIE DE J.-A. PORTES.

1857

NOTRE-DAME DE GAILLAN.

CHAPITRE Ier.

CHAPELLE DE GAILLAN. — SON ANCIENNETÉ. — CESSATION DE LA PESTE OBTENUE PAR L'INTERCESSION DE NOTRE-DAME. — PROCESSION DU 27 AVRIL.

La Chapelle de Gaillan se cache au fond d'une étroite et profonde vallée entre deux ruisseaux verdoyants, à environ un kilomètre ou un kilomètre et demi de la petite ville de Puycasquier (1). Elle occupe le milieu du seul cimetière qu'ait jamais, à notre connaissance, possédé la commune; ce qui nous (2) porte à croire qu'elle fut primitivement le siége de la paroisse dans laquelle elle est aujourd'hui renfermée. Mais vers la fin du 13e siècle ou dans les premières années du 14e, quand la ville de Puycasquier fut bâtie, on éleva dans son enceinte, comme on le fesait dans toutes les villes de cette époque, une seconde église, qui, plus grande, plus belle et surtout mieux appropriée aux diverses nécessités des habitants, ne tarda pas à partager avec l'ancienne le titre et les honneurs d'église paroissiale, et finit avec le temps par en rester seule en possession. Nous ignorons l'époque où ce changement fut consommé; mais nous savons que le pape Clément XI, dans un de ses brefs daté du 5 janvier 1712 (3), donnait encore à la Chapelle de Gaillan le titre qu'elle avait long-temps porté seule.

L'édifice, tel qu'il se montre à nos regards,

(1) Note 1. — (2) Note 2. — (3) Note 3.

a 25 mètres de long sur 6 seulement de large. Cette étrange disproportion, si disgracieuse et si contraire aux règles de l'architecture, n'appartient nullement au plan primitif, car les constructions sont de deux époques différentes. La partie la plus ancienne se termine à la porte du nord et mesure 19 mètres de long sur 6 de large. Elle comprenait dans l'origine deux chapelles latérales dont l'une, celle de droite, dédiée à St. Barthélemi, a disparu durant la première révolution. Aux nervures de la voûte, seul caractère architectural que l'on y remarque, on reconnaît une œuvre de la fin du 14e siècle ou du commencement du 15e. Ainsi, c'est la date qu'on peut hardiment assigner à sa fondation.

A peine achevé, cet édifice se trouva insuffisant pour recevoir la multitude des pèlerins, qui y accouraient de tout le voisinage, surtout aux jours des grandes solennités. Il fallut l'agrandir, et soit défaut de goût, soit plus vraisemblablement manque de ressources, on se contenta de prolonger les murs latéraux, comme il est encore facile de s'en convaincre; car un œil tant soit peu exercé aperçoit sans peine, surtout à l'extérieur, les traces de cette adjonction.

Un événement, qui, nous le croyons, se rattache à une des nombreuses épidémies, dont le diocèse d'Auch fut affligé sous les derniers Valois, contribua singulièrement à augmenter le concours des pieux visiteurs. Le fléau destructeur, que la tradition désigne sous le nom générique de peste, sévit surtout dans la paroisse de Puycasquier et plus particulièrement encore dans la ville. Le nombre des victimes augmentait chaque jour. Les remèdes étaient impuissants et l'art s'avouait vaincu. On n'attendait plus rien de la terre. Dans cet état de détresse, on recourut à Notre-Dame de Gaillan, et l'on évoqua sa statue qu'on alla chercher processionnellement. On la promena d'abord autour des murailles, fesant de longs circuits, et on l'introduisit enfin dans la ville, escortée des consuls en livrée et de presque tous ceux qu'avait épargnés l'épidémie. Dieu se plut à récompenser cette pieuse confiance et à exalter une fois de plus le culte rendu à sa Sainte Mère. Dès que la statue eut franchi la porte d'entrée, le mal s'arrêta tout à coup, et bientôt il disparut entièrement, sans avoir moissonné aucune autre victime. C'était un 27 avril dans la matinée.

Justement pénétrés d'un si grand bienfait, les habitants vouèrent en action de grâce une procession annuelle qui s'effectuerait le même jour que la première, dans le même appareil et avec les mêmes circonstances de temps et de lieux. Cette procession, suspendue à peine sous le règne de la terreur, mais reprise aussitôt que la religion eut recouvré sa liberté, se célèbre encore de nos jours. Seulement, depuis près d'un siècle, quand le 27 avril est un jour ouvrable, on la renvoie au dimanche suivant. Nous allons la décrire. Après ce récit, nos lecteurs comprendront mieux ce qui se fit pour intéresser Marie au sort de la paroisse et arrêter l'épidémie.

La procession part de l'église de Puycasquier à huit heures précises, toujours accompagnée des autorités locales, en costume officiel, et le plus souvent escortée par la garde nationale sous les armes. Elle parcourt la grand'rue, sort de la ville par l'ancienne porte du couchant, et tournant au midi, elle se dirige vers la Chapelle vénérée. La paroisse entière est accourue. On dirait que le bienfait est d'hier, tant l'empressement est général. D'ailleurs, c'est Notre-Dame de Gaillan que l'on fête, Notre-Dame de Gaillan, l'honneur et la gloire de Puycasquier. Les cloches de la ville le publient par leurs joyeuses volées depuis la première aube du jour. Hommes, femmes, enfants, tous ont voulu lui apporter leur tribut de reconnaissance et d'amour : tous prennent part au chant si connu des litanies de la Vierge et font retentir les échos d'alentour du nom sacré de Marie.

Arrivés sur une légère éminence d'où l'on découvre le sanctuaire béni, le prêtre et les fidèles tombent à genoux, et dans cette posture ils chantent trois fois le verset suivant, composé peut-être à cette occasion, mais du moins singulièrement adapté à un temps d'épidémie ou de calamité publique : *Sancta Maria, mater pietatis, ora pro nobis*, Sainte Marie, mère de pitié, priez pour nous. Ils se relèvent ensuite et répètent le même verset jusqu'aux abords du cimetière. Alors on entonne le *Libera* que l'on poursuit en fesant le tour des murs extérieurs de la Chapelle et que l'on achève sur la porte même. Là, l'oraison pour les trépassés étant dite et l'absoute faite, l'on commence le *Regina cœli*, et l'on entre, au milieu de ce chant de félicitation et de joie

Tout se tait aussitôt. C'est le moment du recueillement et de la prière intime et secrète. Bientôt le célébrant monte à l'autel, y prend

avec respect la statue de la Vierge et la dépose
sur un lit de fleurs naturelles (1) dans un riche
et élégant pavillon que s'empressent de saisir
deux fabriciens, ainsi que le maire et son
adjoint, ou, à leur défaut, deux conseillers municipaux. On recommence les litanies de la
Ste-Vierge et la procession reprend sa marche.
Cette fois, elle se dirige vers la ville, en ayant
soin de refaire le même chemin qu'elle parcourut aux jours d'angoisse et de deuil. Sur la
porte du cimetière, les quatre notables cèdent
le pavillon à quatre bordiers, qui, jusqu'à ce
que l'on soit retourné au même lieu, ne le quitteront plus, à moins que leurs bras fatigués ne
réclament un aide, et alors ils se feront relayer
par quatre autres bordiers, car c'est le privilège
de leur profession de porter seuls la Vierge
dans cette occasion solennelle, et ils apprécient
trop un pareil honneur pour consentir à le partager avec des membres d'une profession étrangère.

On gravit ainsi la côte ardue sur laquelle
s'élève Puycasquier ; mais lorsqu'on est parvenu sur la crête, au lieu de se diriger vers la
ville, on se détourne dans la campagne par
divers chemins vicinaux, qui débouchent les uns
dans les autres, et l'on gagne le côté opposé
à celui par lequel on s'est présenté d'abord.
De là, on s'avance lentement vers l'église, en
chantant l'hymne des martyrs en l'honneur des
saints Abdon et Sennen (2), patrons de cette
église, et par là, patrons actuels de la paroisse.

Arrivés sous la halle qui, par une exception

(1) Voir note 4. — (2) Voir note 5.

heureusement fort rare dans notre diocèse, se trouve adossée à l'église, les fidèles se replient à flots pressés sur plusieurs rangs, et dès que la statue paraît au milieu de cette foule émue et recueillie, tous fléchissent les genoux. La garde nationale présente les armes, les tambours battent aux champs, et le verset sacramentel, *Sancta Maria, mater pietatis* s'échappe de toutes les bouches. Pendant que ces paroles sont répétées sur tous les tons par les deux sexes et par tous les âges, la statue est introduite dans l'enceinte sacrée et placée sur une riche estrade à l'entrée du sanctuaire. Mais ici la station est courte.

Après que le prêtre a chanté l'oraison des saints patrons, adoré le Saint Sacrement et encensé la statue, on repart au chant des litanies et l'on retourne à Gaillan en suivant la voie par laquelle on y était précédemment descendu. L'heure de midi approche. Néanmoins, on y célèbre une messe solennelle où d'ordinaire l'on remarque des communions nombreuses. Enfin, chacun regagne son habitation jusqu'à ce que l'heure de vêpres ramène la foule aux pieds du même autel ; car ce jour-là tous les offices paroissiaux se font à Gaillan. Les vêpres y sont suivies d'un sermon en l'honneur de Marie, thème fécond dans une pareille chaire et une pareille solennité, et terminées par la bénédiction du Très-Saint Sacrement.

Quelques moments se passent alors, moments de silence et de mystère laissés à la piété de chaque fidèle, et durant lesquels Dieu et Notre-Dame de Gaillan savent seuls ce qui s'exhale des cœurs. Enfin, la croix et les bannières s'ébranlent et l'on reprend le chemin de Puycasquier en invoquant Marie comme au départ. Sur l'éminence où l'on s'était d'abord arrêté, on se retourne vers le sanctuaire, et avant de le perdre de vue, on chante de nouveau trois fois, à genoux, le verset : *Sancta Maria, mater pietatis.* C'est le dernier adieu. Dès qu'on s'est relevé, le prêtre entonne le *Te Deum,* qui se poursuit jusqu'à l'église. Là, la cérémonie se termine par le chant du *Sub tuum præsidium.* Le soleil touche alors à l'horizon. La nuit va tomber. Dans quelques heures se sera écoulé un de ces jours trop rares dans l'histoire de nos populations rurales, jours de douce paix, de plaisirs purs, d'encouragement et de force contre les épreuves de la vie.

CHAPITRE II.

PÈLERINAGE DES PAROISSES VOISINES. — PROCESSIONS DU LENDEMAIN DE PENTECÔTE. — DÉVASTATION DE LA CHAPELLE EN 1793.

Les paroisses du voisinage ne tardèrent pas à imiter Puycasquier. N'avaient-elles pas, elles aussi, reçu de Marie, ou n'attendaient-elles pas de sa bonté quelque bienfait ? Et d'ailleurs, quand l'intérêt n'eût pas fait entendre sa voix, pouvaient-elles rester étrangères à une manifestation solennelle en l'honneur de la protectrice de la contrée ? Les pèlerinages s'organisèrent. Tout le voisinage, dans un assez vaste rayon, voulut y prendre part et rivalisa d'empressement et de zèle. En peu d'années on vit accourir à Gaillan, sous leur croix et processionnellement, Maravat, Crastes, St-Martin, Pis, Lalanne, Miramont, Mirepoix, Gavarret, Ste-Christie, Casteljaloux, Preignan, Gaudoux, Biane, Tourrenquets, Tourrens, Montaut, Nougaroulet, Ansan, Augnax, St-Brès, Montfort, St-Antonin, c'est-à-dire 21 paroisses.

La plupart s'imposaient, soit à la fabrique, soit à la commune, pour cette procession. Un vicaire de St-Brès déclare, en 1749, avoir reçu 1 livre 10 sols pour avoir conduit les fidèles à Gaillan, et avoir laissé en présent à la Chapelle le reste de la somme *imposée*. En 1770, un curé de Pis reconnaît avoir touché 6 livres tant pour la procession de Gaillan que pour celle de St-Fort, et les rôles de la commune portent à la même date : plus 2 livres pour la procession de Notre-Dame de Gaillan.

Le lendemain de la Pentecôte était le jour du rendez-vous général, et nous le concevons sans peine. Les cœurs ne sont jamais mieux préparés aux faveurs célestes que lorsqu'ils viennent de recevoir une nouvelle effusion de l'Esprit-Saint. La longueur des jours et le commencement de l'été se prêtent, d'ailleurs, aux courses lointaines. Enfin, l'approche des orages, en redoublant les alarmes des populations agricoles, réveille leur piété. Toutefois, quelques paroisses avaient choisi un jour particulier. Ainsi, Montfort fesait son pèlerinage le 2 juillet, fête de la Visitation, comme l'indique la note suivante que nous citons textuellement malgré les fautes d'orthographe dont elle fourmille. « En l'an mil cinq cent nonante six et le segont jour du moys de jullet, qu'estait le jour de la Visitation de la Vierge Marie, qu'estait le jour que la poursétion de Monfort allet à Notre-Dame de Gaillan, que estant de retour avinct une si grande avundance d'eau que jamais homme ne l'avait vue, &c. »

Pour protéger les pèlerins contre les ardeurs du soleil et surtout contre les ondées, assez fréquentes à l'ouverture de l'été, on avait adossé au mur septentrional de la Chapelle une galerie ou auvent, que les registres mortuaires de Puycasquier commencent à mentionner dès 1639 ; car plusieurs familles avaient obtenu la faveur d'élire leur sépulture sous cette galerie, tandis que quelques autres, plus heureuses, se fesaient enterrer dans la Chapelle même (1). Mais ces dernières constructions et une partie des anciennes devaient disparaître dans la tourmente de 1793.

L'impiété, alors maîtresse de la France, ne pouvait pardonner à Gaillan les souvenirs attachés à son nom et moins encore la confiance et la vénération dont l'entouraient les populations environnantes. Aussi, non contente d'y interdire l'exercice du culte et d'en fermer les portes, elle en abattit les autels, enleva les toitures, détruisit de fond en comble les chapelles latérales et fit tomber avec les auvents de larges pans de murailles; mais, soit permission particulière du ciel, soit dernier reste d'un sentiment de respect et d'amour sucé avec le lait, soit enfin crainte de trop soulever l'indignation publique et de provoquer la vengeance des hommes, et peut-être même les châtiments de Dieu, elle n'osa pas trop s'attaquer au sanctuaire et en respecta la voûte. La statue miracu-

(1) Voir note 6.

leuse échappa aussi à ce premier accès de rage. Deux pieuses et respectables sœurs, voulant la soustraire aux profanations qui la menaçaient, s'étaient empressées de la cacher. Mais trahies et dénoncées, elles craignirent la mort sur l'échafaud, punition infligée par les lois de ces jours d'aberration et de délire contre les délits de ce genre, et, le cœur navré de douleur, elles se laissèrent arracher l'objet sacré que baignaient leurs larmes. Dans la précipitation et la rudesse des procédés qui accompagnèrent cette sacrilège violence, une main se détacha de la statue. Les deux sœurs s'en saisirent avec respect et la gardèrent comme un gage désormais doublement cher et précieux. On le conserve encore dans leur famille. Quant à la statue, elle fut aussitôt portée au district, et, quelques jours après, brûlée publiquement sur une des places d'Auch.

CHAPITRE III.

RÉTABLISSEMENT DE LA CHAPELLE. — RETOUR DES PROCESSIONS.

Quand la tempête se fut éloignée, et que la religion, assise sur des ruines, put sonder ses blessures et compter ses pertes, elle eut besoin, pour ne pas se laisser aller au découragement, de se souvenir des promesses que lui avait faites son divin fondateur. Les maux étaient immenses, et tous appelaient à la fois le remède; mais il fallut s'occuper d'abord des édifices paroissiaux. Gaillan, à demi détruit, resta ainsi quelque temps abandonné aux ronces et aux broussailles. Le hasard ou plutôt la divine providence fit bientôt cesser cet état affligeant. Un jour, quelques notables dont nous aimons à recueillir les noms : MM. Debuc, depuis maire de la commune, Pujos (Blaise), Solirène-Pillet et Irat se promenaient avec l'abbé Descat, leur nouveau curé, dans une ancienne allée plantée d'ormeaux, au midi de la ville. Leurs regards tombèrent sur les débris de la Sainte Chapelle; et au souvenir de sa splendeur passée, et surtout de ses touchantes fêtes, comparées au deuil, à la solitude et à la désolation dont ils étaient les témoins, ils résolurent de relever ses murailles et de rendre à la piété des fidèles un sanctuaire aussi justement vénéré. S'aidant des aumônes de quelques âmes pieuses, ils restaurèrent le sanctuaire, y replacèrent un autel, déposèrent dans la niche vide de son ancien trésor une nouvelle statue assez semblable à la première, et couvrirent une partie de la nef. C'était en 1803, et l'on touchait presqu'à la Pentecôte.

Le bruit de ce qui venait d'être fait se répandit rapidement comme il arrive quand il s'agit d'un événement, appelé par les vœux publics, et le jour consacré par les pèlerinages anciens, les fidèles accoururent de tout le voisinage en plus grand nombre qu'on n'eût osé l'espérer. Les bannières et les pavillons reparurent. On célébra de nouveau le nom, la puissance et les bienfaits de Notre-Dame de Gaillan; on s'était agenouillé aux pieds de son autel; on avait prié devant sa statue; on avait redit dans l'enceinte bénie ces airs connus, ces cantiques aimés dont les oreilles chrétiennes avaient été si longtemps sevrées. La pauvreté du sanctuaire, les traces de dévastation et de haine que l'impiété y avait laissées et qui s'y montraient partout ne le rendaient que plus cher à la foi, à la piété, à la dévotion. Des larmes de saisissement, de douleur et de joie mouillèrent bien des yeux. La cérémonie fut longue, les prières particulières se prolongèrent plus longtemps encore; on ne pouvait s'arracher de ce lieu. Avant de s'éloigner, tous s'y donnèrent rendez-vous pour l'année prochaine ; mais quand cet anniversaire arriva, l'aspect de la Chapelle avait changé. Ce premier exemple donné éveilla l'émulation et le zèle. On tint à honneur d'achever une œuvre si heureusement commencée, et en peu de temps le sanctuaire de Marie eut, sinon recouvré son lustre et sa splendeur, du moins retrouvé cette décence et cette propreté que réclame le respect dû au saint lieu.

Malgré cet empressement général, plusieurs années s'écoulèrent avant que les processions des paroisses voisines reprissent le chemin de Gaillan. On sait que le premier Empire, cédant à des préjugés dont le temps a heureusement fait justice, ou voulant ménager les susceptibilités de l'impiété, toujours intolérante quand elle est maîtresse ou même qu'elle a quelques chances de se faire craindre, ne permit guère les manifestations religieuses hors de l'enceinte des églises. Mais enfin toutes les entraves furent levées, et les processions reparurent, toutefois, bien moins nombreuses que jadis. On ne comptait plus, dans les rangs des pèlerins, que les habitants de Crastes, de Mirepoix, de Gavarret, de Miramont, de Lalanne et de Pis. Du reste, si l'affluence a diminué, l'édification est toujours la même, ou du moins il est toujours bien touchant et bien beau le spectacle qu'offre Puycasquier le lendemain de la Pentecôte.

Au premier rayon de l'aurore, toutes les cloches des environs se font entendre et annoncent au loin que le jour consacré à Notre-Dame de Gaillan est une fête pour la contrée. A ce signal toutes les populations sont sur pied. On part des églises paroissiales en procession et en chantant les litanies de la Vierge. Les autorités locales accompagnent toujours le curé. Pendant la marche, les processions entrent dans toutes les églises et tous les oratoires publics qu'elles rencontrent, et y font une courte station. Elles s'avancent en alternant les chants et les prières, et le plus souvent en les unissant, et parviennent ainsi jusqu'au sommet des coteaux qui avoisinent le pieux sanctuaire. Dès que leurs bannières commencent à paraître au loin, les cloches de la ville et celles de la Chapelle signalent l'approche des pèlerins. Bientôt on les voit se dérouler en bon ordre et descendre lentement. A mi-côte, ils s'arrêtent, se mettent à genoux, et chantent eux aussi trois fois l'invocation : *Sancta Maria, mater pietatis, ora pro nobis.*

Cependant le curé de Puycasquier a revêtu ses insignes, et précédé de la croix et suivi du maire et de l'adjoint de la commune, il s'est avancé à leur rencontre jusqu'aux bords de l'un des ruisseaux dont nous avons déjà parlé. Là, les croix paroissiales se touchent en signe de charité, les curés s'embrassent en se disant : *pax tecum,* et les autorités respectives se donnent une poignée de mains, comme un gage de bienveillance, de concorde et d'union entre leurs administrés. Le même cérémonial se renouvelle à mesure que chaque procession arrive. Aux abords de la Chapelle chacune d'elles décrit le circuit, chante le *Libera* et le *Regina cœli,* fait en un mot tout ce que nous avons vu pratiquer le 27 avril par la procession de Puycasquier, quand celle-ci a été près d'entrer dans le sanctuaire de Gaillan. Enfin, chaque paroisse entend la messe de son pasteur, selon l'ordre et le rang de son arrivée. La messe dite, elle sort de la Chapelle pour faire place à la paroisse suivante, et va prendre sur une pelouse voisine, publiquement et en famille, un léger repas, composé en grande partie de petits gâteaux que des marchands étrangers ont eu soin d'apporter de Montfort, d'Auch, de Fleurance et de Mauvezin. Les rangs se pressent à cette table frugale, car il est des années où l'on compte autour de la Chapelle de 3 à 4,000 pèlerins: mais cette réunion dure peu, de 4 à 8, et tout au plus à 9 heures du matin.

Aussitôt que la dernière messe est achevée, la paroisse qui s'était présentée la première rentre dans la Chapelle, et après avoir reçu par le ministère de son pasteur la bénédiction du Très-Saint Sacrement, elle repart, accompagnée jusqu'au ruisseau par le curé et les autorités de Puycasquier, qui la quittent en lui donnant les mêmes marques de franche et loyale sympathie qu'à son arrivée. A mi-côte, elle s'arrête une seconde fois pour jeter un dernier regard vers le sanctuaire d'où elle ne s'éloigne qu'à regret, et adresser à Marie, les genoux en terre, la triple invocation que lui envoie sa piété, sa reconnaissance ou son amour. Bientôt elle a disparu tout-à-fait. C'est à peine si les échos lointains renvoient pendant quelques minutes les sons affaiblis de ses chants. Vers 10 heures, ces lieux naguère si pleins de vie, de jeunesse, de joie, de bonheur, si retentissants de tumulte et de bruit, ont recouvré leur calme et leur solitude habituelle. Seule, quelque âme plus dévote, plus agitée ou plus malheureuse, le plus souvent une épouse ou une mère, prie encore en silence aux pieds de la statue vénérée.

Un concours aussi ancien et aussi général nous montre le haut renom dont a joui et dont jouit encore la Chapelle de Gaillan et ce renom atteste à lui seul les faveurs nombreuses obtenues du ciel par l'intercession de la Vierge que l'on y révère. Mais malheureusement nous ne pouvons en signaler aucune en particulier. Tous les faits antérieurs à 1793 sont allés se perdre avec les ex-voto dans le grand naufrage de cette époque si désastreuse pour la religion, et l'on n'a pas eu soin de recueillir et de constater les faits postérieurs. Nous savons qu'il n'en sera plus ainsi à l'avenir, et qu'on a résolu de faire désormais avec une religieuse exactitude ce qui avait été omis jusqu'à ce jour. La religion ne peut qu'applaudir à une résolution pareille. La dévotion à Marie, l'honneur de la Chapelle de Gaillan et l'édification publique y gagneront à la fois.

Avant de clore ce récit, nous croyons devoir consigner ici que la manifestation religieuse qui se fit dans le monde catholique, à l'occasion de la promulgation du dogme de l'Immaculée-Conception, eut à Puycasquier un éclat tout spécial, et que cet éclat fut dû à Notre-Dame de Gaillan. On alla chercher avec pompe la statue et on la plaça *sur un trône magnifiquement décoré et resplendissant de lumières au milieu du maître-autel,* pour qu'elle eût les honneurs de la journée. Sa présence acheva d'électriser tous les cœurs. Jamais manifestation semblable ne s'était vue dans la paroisse (1).

MAZÈRES, ce 6 Avril 1857.

FIN.

(1) Voir à la fin du volume, note dernière.

NOTE 1.

Podium asterii; de pouy, puech, puy, puyo, en langue celtique, hauteur, élévation, hauteur d'Astier. d'où, par euphonie, on a fait d'abord Pouycasquier et ensuite Puycasquier. Ce fut primitivement un château-fort appartenant à la maison de Fezensaguet. rameau détaché de la grande souche des comtes d'Armagnac.

NOTE 2.

Dans les âges reculés, l'église paroissiale fut toujours entourée du cimetière ; c'est même le signe auquel on peut la reconnaître. La raison de cette pratique est très facile à trouver. Bien différent de l'idolâtrie grecque ou romaine, qui, sensuelle et frivole, reléguait au loin les tombeaux comme une source de pensées affligeantes et de souvenirs importuns, le christianisme ne voyant dans la mort qu'un sommeil et dans la vue du tombeau qu'une grave et utile leçon, aimait à garder aux abords de ses temples, les dépouilles de ses enfants : d'ailleurs, déposer les morts sur le passage des vivants, c'était rappeler les premiers au souvenir des seconds, et par là les recommander à leurs prières. Enfin, où eût-il mieux placé les tombeaux qu'à l'ombre du sanctuaire qu'habite le roi immortel des siècles, près de l'autel, où coule tous les jours le sang de la victime de propitiation et de salut ; de là la pratique que nous signalons et qui fut constante dans les villes et plus encore dans les campagnes où elle règne assez généralement encore.

Ajoutons que, depuis la chapelle de Gaillan jusqu'à une métairie dite du Buguet, sur un espace assez considérable, pour peu qu'on fouille le sol, on rencontre de nombreuses traces d'anciennes fondations. preuve irréfragable que cet espace fut jadis habité. Près de l'église, on trouve ainsi le village. Ces habitations disparurent plus tard sans que rien indique. ni à quelle époque, ni pourquoi : cette obscurité fait conjecturer que leur disparition fut toute simple et toute naturelle, car on n'a daigné l'enregistrer nulle part. Heureusement que tout ce mystère s'explique, dès qu'on met le pied dans la ville de Puycasquier, qui s'élève sur la crête voisine.

Puycasquier est une ville du moyen-âge. Le percement des rues ne permet aucun doute à cet égard. Le vicomte de Fesensaguet, qui la bâtit, octroya de nombreux priviléges à ceux qui viendraient la peupler. Les habitants de Gaillan auront profité de la concession et déserté leur village pour transporter leur foyer à quelques pas de là dans la ville, ou *bastide* nouvelle, comme on appelait ces sortes de constructions. Est-il une émigration plus naturelle et plus simple ?

Ces considérations si plausibles en elles-mêmes sont confirmées et corroborées par le bref du pape Clément XI, dont les termes portent formellement : tous ceux qui auront visité dévotement l'église paroissiale de la Bienheureuse Vierge Marie de Gaillan. Voir ce bref plus bas, note 3.

C'est à ce titre d'église paroissiale ou du moins de co-paroissiale que le nom de Gaillan se trouve mêlé à deux usages particuliers à la commune de Puycasquier, et qui remontent l'un et l'autre à une époque très ancienne.

La veille de Pâques, à une heure après-midi, le maire et l'adjoint ceints de leur écharpe, et accompagnés de la plupart des conseillers municipaux et des fabriciens, et suivis de tous ceux de leurs administrés qui veulent se joindre à eux, se dirigent vers le presbytère, et quand ils en approchent, la cloche sonne à grande volée. Averti ainsi de leur visite, le curé se présente sur la porte, les invite à entrer, et après les avoir introduits dans son salon ou dans sa chambre, ce qui est assez souvent la même chose, il s'empresse d'offrir à eux et à leur suite, non plus, il est vrai, l'ancien gage d'hospitalité et de bien-venue qu'offraient nos ancêtres, le vin du crû, mais, ce qui a remplacé ce vin dans notre époque plus riche ou plus civilisée, différentes liqueurs; on choque les verres et l'on boit à la concorde et au bonheur de tous les habitants.

Après ce toast, qui n'est jamais unique, tant le sentiment patriotique est vif dans cette commune, ou tant il aime à s'épancher le verre à la main, et sous les yeux du Pasteur qui le provoque et l'alimente, les deux magistrats prient le curé de vouloir se rendre à l'église pour y chanter le *Regina cœli* ; et aussitôt se plaçant à ses côtés et fendant la foule, ils sortent avec lui, au son des cloches, et l'escortent vers le lieu saint. Là le curé leur présente l'eau bénite, et pendant qu'ils gagnent leur banc, il va prendre le surplis, l'étole et le pluvial, et revient entonner au pied du maître-autel l'antienne demandée, que l'assistance devenue alors plus nombreuse poursuit et achève avec lui. L'antienne finie, le prêtre dépose les habits de chœur, et se plaçant de nouveau entre le maire et l'adjoint, il s'achemine en leur société vers la chapelle de Gaillan, au milieu des flots de la multitude et en suivant le même chemin que la grande procession du 27 avril.

Les représentants des deux autorités civile et religieuse marchent d'abord les premiers. Mais bientôt les rangs sont intervertis; tous sans distinction d'âge, de sexe, de condition se mêlent et se livrent à des conversations pleines de décence sans doute, mais aussi d'animation et de gaîté ; on dirait une grande famille prenant ensemble, dans un jour de fête, ses chastes et paisibles ébats, sous les yeux de ses chefs vénérés. A Gaillan, après le *Regina cœli*, on chante le *Libera* des morts, comme pour rappeler une fois de plus à la génération actuelle les générations passées, et tempérer la joie présente par la pensée de ce que pourrait être la destinée future. Bientôt on revient sur ses pas et l'on rentre à l'église de la ville où l'on chante une troisième fois le *Regina cœli* devant l'autel du Rosaire; mais si la pluie et la boue ou l'incertitude du temps ne permettent pas de descendre à Gaillan, on se contente de chanter l'antienne de la Vierge, successivement devant chacun des trois autels de l'église paroissiale.

Après ce triple chant, le curé, suivi d'une foule nombreuse, reconduit à son tour le maire dans sa maison, où l'on trouve une table couverte de plusieurs sortes de gâteaux, parmi lesquels se font remarquer le tourteau indigène et la *paete*, si aimée des filleuls. Les appétits ont été aiguisés par la promenade. On s'en donne à cœur-joie durant ce goûter que son caractère officiel rend encore plus savoureux et qu'assaisonnent ces saillies gasconnes, qu'on ne retrouvera bientôt plus qu'au fond de nos campagnes.

Le second usage est aussi ancien et non moins populaire que le premier. Le 5 février, fête de St. Agathe, la messe se célèbre à Gaillan. Elle a pour objet principal de demander à Dieu la conservation des fruits de la terre. Aussi, l'assistance est-elle nombreuse. On y compte au moins un membre de chaque famille. Avant de commencer le Saint-Sacrifice, le curé bénit solennellement une foule de pains que chaque propriétaire s'empresse de reconnaître et de retirer après la messe. Il les partage plus tard en morceaux, et ces morceaux, il les enfouit de distance en distance dans ses champs, en les surmontant d'une petite croix, faite le plus souvent d'une grosse épine repliée sur elle-même.

NOTE 3.

Universis Christi fidelibus præsentes litteras inspecturis salutem et apostolicam benedictionem.

Ad augendam fidelium religionem et animarum salutem cœlestibus ecclesiæ thesauris piâ charitate intenti omnibus J.-Ch. utriusque sexûs fidelibus vere pœnitentibus et confessis ac sacrâ communione refectis, qui ecclesiam parochialem beatæ Mariæ de Gaillan nûnct. (*nuncupatam*) oppidi de Puicasquie Auscensiensis diœcesis.... die festo nativitatis beatæ Mariæ Virginis immaculatæ a primis vesperis usque ad occasum diei sequentis singulis annis devotè visitaverint et ibi pro christianorum principum concordiâ, hæreseum extirpatione ac sanctæ matris ecclesiæ exaltatione pias ad deum preces effuderint plenariam omnium peccatorum suorum indulgentiam et remissionem misericorditer in domino concedimus.

Datum Romæ apud sanctum Petrum sub annulo piscatoris die quintâ januarii MDCCXII (1712).

Cette indulgence ne devait durer que 7 ans. Mais, par un bref du 3 juin 1844, le Pape Grégoire XVI en a accordé une nouvelle, plénière aussi, pour le même jour de la Nativité, pour le 27 avril, ou le dimanche suivant, enfin, pour le lendemain de la Pentecôte.

NOTE 4.

Ces fleurs étaient ensuite si vivement recherchées, qu'on se les disputait. Pour faire cesser toute dispute et toute jalousie, on s'est décidé à les vendre à l'encan après vêpres, et les quelques sous, que l'encan produit, s'emploient à l'entretien de la Chapelle.

NOTE 5.

St. Abdon et St. Sennen, nobles Persans, martyrisés à Rome sous l'empereur Dèce, vers l'an 250, sont les patrons de Puycasquier, d'Aubiet, de Labejan et de Laas, quatre grandes paroisses, situées autour d'Auch dans un rayon de 20 à 25 kilomètres, et dans des conditions topographiques à peu près semblables : du moins, leur église, comme jadis leur château seigneurial, s'élève sur une crête ardue et domine au loin la contrée. On croit que le culte de ces *saints* fut importé d'Orient à la suite des Croisades.

NOTE 6.

Un ancien registre obituaire de Puycasquier, que nous avons eu entre les mains, nous donne les faits suivants que nous traduisons du latin. 1639. Mort de Jean Checherd dit Liberos. Il est enterré sous l'auvent de la Chapelle de Notre-Dame de Gaillan. *Sub oppendice capellæ deiparæ Gaillani.* 1646. Le 1er février, mort de Bernard Cassavant. Il repose sous l'auvent de la Chapelle de Gaillan dans le sépulcre de ses ancêtres, du côté du nord, ajoute-t-on pour un autre. 1627. Le 1er mars, mort de Jean Solirène. Il repose dans la Chapelle de la Vierge, dans le sépulcre de ses ancêtres.

Les inhumations suivantes sont encore plus précises. 1640, 26 mai, mort de Jeanne Bières. Elle repose dans la Chapelle de la Mère de Dieu de Gaillan. 1644 et le 29 mai, mort de Jeanne Vespiau, enterrée dans la Chapelle de St. Barthélemy à Gaillan. 1653. Le 10 janvier, mort d'Hélène Claverie Elle repose dans la Chapelle de Notre-Dame à Gaillan. *Jacet in capellâ deiparæ Gaillani.*

Les prêtres et les consuls de Puycasquier avaient leur sépulture particulière dans l'église de la ville. 1646 et le 15 décembre, mort de maître Raymond Pinos, décédé dans la 80me année de son âge et dans la 53me de son sacerdoce. Il est enterré dans le chœur de l'église paroissiale, à droite, dans le tombeau des prêtres. 1638 et le 3 mars, mort de Jean Abadie, consul. Il repose dans l'église paroissiale, dans le tombeau des consuls. *Jacet in sepulcro consulum.*

Dans ces mêmes registres obituaires, nous trouvons le fait suivant, trop déplorable pour que nous y ajoutions la moindre réflexion. 1653 et le 26 mars; mort d'Anne Caubet, enterrée au cimetière, sans aucune cérémonie de l'église, par sa propre mère, parce qu'on soupçonnait qu'elle était morte de la peste. 1653, 26ma *Martii, obiit Anna Caubet, sine ullis ecclesiæ cæremoniis in cæmeterio ab ipsâ matre sepulta quod peste periisse non nulla suspicio foret.* Ces soupçons n'étaient que trop fondés. La mortalité avait été grande jusque là. Elle le devint bien autrement vers la fin de l'année, en sorte que l'existence de la peste ne fut plus douteuse pour personne. Néanmoins, la scène du 26 mars ne se renouvela point Tous les morts reçurent les honneurs de l'église et furent conduits par les prêtres à leur dernière demeure.

Dans une occasion semblable, en 1632, plusieurs morts furent enterrés dans les jardins, dans les bois, dans les terrains incultes. Une femme nommée Frise fut ensevelie dans son jardin par son propre mari. *Quam maritus in horto sepelivit.*

NOTE 7me ET DERNIÈRE.

Voici la relation que nous publiâmes à cette occasion dans le Courrier du Gers, sur l'invitation de l'autorité ecclésiastique.

La ville d'Auch, l'ancienne capitale d'une province, dont les nombreux diocèses, celui de Lectoure excepté, étaient tous consacrés à Marie, ne devait pas rester en arrière du mouvement qui entraîne toute la France aux pieds de la reine du ciel. Elle l'a noblement montré en fêtant d'une manière digne d'elle et de son glorieux passé la proclamation du dogme de l'Immaculée-Conception. Jamais ses murs n'avaient été témoins d'une manifestation religieuse aussi brillante et surtout aussi générale ; car la cité entière s'y est associée. Tous les rangs, toutes les conditions, tous les états y ont pris une égale part. Les partis politiques s'étaient effacés, les dissidences elles-mêmes se taisaient. Un seul sentiment éclatait de mille façons diverses : Honneur à la Vierge dont le Vicaire de Jésus-Christ vient d'enrichir d'un nouveau fleuron la brillante couronne.

Nous avons visité les églises et parcouru les rues : nous nous sommes mêlé à la foule ; nous allons raconter simplement ce que nous avons vu et entendu : il est des choses qu'on ne loue jamais mieux qu'en les montrant telles qu'elles ont été. Nous n'oublions pas, d'ailleurs, qu'il y a derrière nous huit à dix mille témoins pour contrôler notre parole.

L'incertitude du temps dans les deux derniers jours avait un peu refroidi l'élan et retardé les préparatifs ; mais, le dimanche matin, quand les premiers rayons du soleil eurent dissipé les craintes, on se mit à l'œuvre avec ardeur : chacun voulait témoigner de ses sentiments. En quelques heures, tous les édifices publics et une foule de maisons particulières se montrèrent pavoisées et ornées de guirlandes de fleurs et de verdure ou d'emblèmes et de devises aux couleurs de la Vierge. Cependant les travaux se poursuivaient chez les retardataires ; on travaillait à la gloire de la Mère du Sauveur. Aux yeux de son divin fils, pouvait-on mieux sanctifier le jour du Seigneur ?

Le dispositif du mandement ne parlait que d'un *Te Deum*. Toutefois, à l'issue de la messe capitulaire, la Bulle a été lue en partie du haut de la chaire de la métropole, en présence de Mgr l'Archevêque, du Chapitre et d'une multitude immense de fidèles accourus pour entendre cette lecture. Ce n'était là que le prélude de la fête ; celle-ci était renvoyée après les offices de vêpres et de complies. M. l'archiprêtre Barciet l'a ouverte par un discours plein de goût et de tact, qu'il a terminé en paraphrasant l'antienne *Inviolata*, non toutefois sans avoir auparavant, à la satisfaction générale, épanché son âme de pasteur et payé à la cité et à ses premiers magistrats un juste tribut d'éloges et de gratitude. La multitude, cette fois, était encore plus nombreuse que le matin, le vaisseau de notre vaste métropole suffisait à peine. Aussi, quand Mgr l'Archevêque, la crosse à la main et la mître sur la tête, s'est avancé, précédé de ses vicaires-généraux, jusqu'au pied de l'autel de la paroisse et a entonné le *Te Deum*, mille voix ont répondu à sa voix.

L'autel ou plutôt l'église entière présentait alors un spectacle dont les yeux ne pouvaient se détacher. Le *jube* ondulait sous des flots de lumière et portait en caractères ardents, l'inscription suivante : *A Marie, conçue sans péché!* Au milieu de la nef, comme pour recevoir de plus près les hommages des fidèles, la statue de la Vierge immaculée, placée sur un riche brancard, s'élevait entre quatre candélabres éclatants de blancheur. Toutes les chapelles étaient parées comme elles ne l'avaient jamais été, même dans les plus grandes solennités. De notre place, nous avons remarqué celles de St-Jean-Baptiste et de l'Annonciation, qui se distinguaient par la profusion des cierges et des fleurs artificielles.

Les autres églises de la ville le cédaient à peine à la métropole ; toutes avaient rivalisé de zèle, de goût, de grâces et de richesses ; il n'est pas jusqu'aux pauvres filles du Carmel qui n'aient trouvé dans leur amour pour Marie de quoi enchanter les regards. Nous pourrions citer St-Pierre, les Jacobins, les chapelles de nos deux couvents des Ursulines, du Lycée, de l'Hôpital, de la Maison de Secours; mais nous devons une mention particulière à St-Orens, où la Vierge s'élevait au milieu du rond-point de l'église, derrière le maître-autel qu'elle dominait, au milieu d'une forêt de cierges, sur un trône semé de fleurs et de verdure.

Mais déjà la nuit tombait ; tout à coup le grand bourdon de la métropole se fait entendre ; c'était le signal de l'illumination. Presque aussitôt vous vous fussiez cru transporté dans une ville nouvelle : les plus grandes cités n'eurent jamais rien de plus magique ; de tous les quartiers de la ville, de toutes les places, de toutes les rues s'échappaient des torrents de lumières à travers lesquels vous aperceviez des niches plus ou moins ornées, des statues de la Vierge et surtout des oriflammes et des étendards. Pas de carrefour si isolé, pas de réduit si obscur, pas de mansarde si pauvre qui ne témoignât de son adhésion à la fête et n'eût son offrande à Marie. Les malheureux, privés de leur liberté, s'associaient eux-mêmes aux vœux communs; les barreaux du cachot aérien suspendus au haut de la tour de la prison départementale laissaient arriver jusqu'à terre l'illumination du prisonnier. Certes, nous ne nous fussions jamais attendu à cette unanimité, car on ne saurait s'arrêter à quelques rares et imperceptibles exceptions, et encore dans ces exceptions mêmes, nous en sommes pleinement convaincu, il y a eu malentendu ou impuissance et non mauvais vouloir. Quel chrétien doué de cœur et de raison pourrait jamais se faire l'ennemi de la *Mère de pitié et de miséricorde* ?

La population entière s'était transportée dans les rues : hommes, femmes, enfants, vieillards, prêtres et soldats, lycée, séminaire, pensionnats, tous parcouraient la ville dans tous les sens, revenant souvent sur leurs pas pour contempler une fois de plus ce qu'ils avaient contemplé déjà. La joie rayonnait sur tous les fronts, le contentement débordait de tous les cœurs et s'échappait de toutes les lèvres. C'était je ne sais quoi de calme, de posé, de grave, de digne, qu'on n'avait pas encore remarqué au milieu des grandes agglomérations. Loin de s'amoindrir, on se fesait meilleur dans ces promenades, où le père donnait le bras à sa fille, où le fils et le frère conduisaient la mère et la sœur, où l'épouse marchait à côté de l'époux, où la famille entière se groupait autour de son chef.

Quelques rues, telles que celles du Pouy, de la Préfecture, d'Etigny, et surtout celle de l'Oratoire; quelques maisons, appartenant les unes à nos sommités, les autres au commerce, à d'honnêtes artisans ou même à de pauvres ouvriers, et nommément, nous devons cette justice, les maisons de tous les membres du tribunal fixaient plus spécialement les regards. Ici, au milieu d'un cadre de feu, c'était une jolie statuette de Marie, dont la couronne jetait l'éclat des pierres précieuses ; là, c'était une chapelle de verdure qui laissait voir de tous côtés la Vierge qu'on fêtait. Plus loin, c'étaient des transparents présentant d'ingénieux emblèmes. Le sentiment chrétien et la dévotion à Marie avaient transformé en artistes intelligents de toutes jeunes filles, de bonnes mères de famille, de simples ouvrières, ou plutôt, qu'on pardonne ces expressions sous la plume d'un prêtre, à Auch, comme dans toute notre France si libéralement dotée du ciel, la femme n'avait eu qu'à suivre son instinct pour faire éclore sous ses doigts des merveilles de grâce. Sur plusieurs inscriptions, l'amour de la patrie s'était associé, d'une manière touchante, au sentiment religieux. Nous avons retenu les suivantes : *O Marie, conçue sans péché, priez pour nous et pour nos braves soldats d'Orient; Vierge immaculée, protégez la France et sa vaillante armée....*

Mais, on le conçoit sans peine, les habitations privées le cédaient aux édifices publics. Chacun de ceux-ci, aux étendards, aux oriflammes, aux feux de Bengale, à une illumination brillante joignaient une ornementation particulière. La Préfecture, dont on est assuré de trouver les hôtes actuels partout où il y a un noble encouragement ou un bon exemple à donner, présentait le chiffre colossal de Marie illuminé de blanc et couronné d'or, se détachant ainsi des flots de lumières diversement colorés, qui tapissaient la longueur des terrasses. L'Hôtel-de-Ville, décoré simplement, mais avec un goût tout spécial, laissait voir ses rangées de lustres aux couleurs de la Vierge. Au frontispice du Lycée apparaissait l'étoile du matin annonçant le soleil de justice, qui rayonnait magnifiquement sur un plan inférieur et distinct, mais où l'œil plongeait sans peine. La blanche statue de la Vierge immaculée placée au centre, était la saisissante exposition d'un emblème aussi gracieusement représenté qu'ingénieusement conçu. Non loin du Lycée, on s'arrêtait devant la pension de Mme Gary. Plus près encore que ce pensionnat, on admirait l'œuvre gracieuse des dames de l'Annonciation et des sœurs de la Miséricorde, aidées les unes et les autres par leurs élèves. En fêtant avec éclat la patronne de la jeunesse, le *quartier latin* de notre cité semblait la prier de lui servir de guide à travers les écueils de la vie, de lui épargner les orages et les tempêtes, ou du moins de le sauver du naufrage.

L'école normale s'était associée à ces sentiments : elle avait placé sur son portail et entouré d'un cercle lumineux l'inscription suivante : *Je crois à Marie conçue sans péché.* Les frères des écoles chrétiennes avaient travaillé sur une plus vaste échelle. Leur illumination, une des plus belles de la ville, se projetait de leurs nombreuses terrasses sur la rue de Mirande, et inondait de ses flots aux diverses couleurs une image colossale de Marie qui surmontait un des pavillons de leur jardin. Pour expliquer comment le prix d'une décoration, assez brillante pour faire sensation dans une grande ville, était supporté volontiers par quelques instituteurs primaires à la modique rétribution de cinq cents francs chacun, il faut savoir tout ce que peuvent s'imposer de privations la foi et la piété jointes au désintéressement. Aux deux extrémités de la ville, les deux couvents des Ursulines, tout en réservant leurs principales décorations pour leurs chapelles et leurs cours intérieures, d'où ces décorations pouvaient être aperçues de leurs nombreux élèves, en avaient étalé assez au dehors pour fixer l'attention générale. Situées dans la plaine et libres de disposer à leur gré les ornementations, les filles de Marie avaient établi sous leur toit une chapelle ardente.

L'illumination extérieure des églises a laissé généralement à désirer; celle de St. Orens a été à peu près nulle. Celle de la métropole, quoique grandiose, n'a pas répondu à l'attente publique. Il est vrai que les vents l'ont contrarié : ce qui n'étonne pas et dans une pareille saison et avec un édifice aussi élevé. Seule, l'église des Jacobins devait offrir ce qui manquait à ses sœurs. On sait qu'elle sert de chapelle à notre garnison. Dociles à une voix bien faite pour parler à des cœurs nobles et généreux, les braves hussards, joints à nos missionnaires, cette milice du diocèse, non moins glorieuse que l'autre et non moins aimée, avaient voulu se charger du soin de l'orner, et ils l'avaient fait avec ce goût et cette intelligence qui aussi bien que la valeur sont l'apanage du soldat français. On reconnaissait leur œuvre aux nombreuses oriflammes qui flottaient dans les airs et encore plus à la superbe bannière qui ombrageait la statue de la Vierge. La reine du monde aura béni leurs efforts. Puisse cette bénédiction s'étendre à leurs frères d'armes sur la terre lointaine où ils défendent les intérêts de la civilisation et de la patrie, intimement unies dans cette guerre, unique peut-être dans les fastes de l'histoire ?

Mais entre tous les édifices publics, deux, l'archevêché et le séminaire, l'emportaient incontestablement par leurs décorations. À l'archevêché, la statue de la Religion, qui surmonte le grand portail d'entrée, semblait avoir été placée là pour montrer à tous le chiffre lumineux de Marie, dont un transparent placé au-dessous reproduisait l'image entourée d'étoiles, avec l'inscription suivante, qui complétait le chiffre : *Sine labe concepta, de quâ natus est Jesus.* Toute cette ornementation, d'un goût sobre mais pur, trahissait l'artiste exercé qui l'avait conçue et dirigée.

Reste le séminaire qui par la position, l'étendue des bâtiments, l'architecture de sa principale porte d'entrée exigeaient une décoration à part de toutes les autres. Nous ne nous arrêterons pas à décrire les milliers de feux de toutes couleurs qui dessinaient les pilastres, les corniches, les frontons de ce vaste édifice, le cordon lumineux qui l'enveloppait, les oriflammes, les guirlandes qui flottaient aux vents ou tapissaient les murailles ; mais on ne nous pardonnerait point de ne pas signaler, outre la statue de la Vierge couronnée d'étoiles et surmontée de son chiffre, et le *credo* lumineux d'un si brillant effet, la chapelle ardente aux mille bougies qui servait de base à ce travail, et surtout la lumière électrique, qui couronnait dignement tant de beautés. C'était de la magnificence, mais de la magnificence unie au goût le plus exquis, et qu'on eût admirée dans les plus grandes cités. Maintenant on ne s'étonnera pas si toutes les personnes dirigeaient leurs pas vers le séminaire. C'était là que la foule stationnait toujours plus compacte et toujours plus ravie ; on ne pouvait s'arracher à ce spectacle ; honneur, honneur à l'établissement qui l'a donné !

S'il était moins éclatant, il était peut-être plus saisissant encore le spectacle qu'ont donné la pauvreté et la détresse. Vers le milieu d'une de nos *pousterles*, une veuve n'ayant pour demeure qu'un réduit enfumé, va détacher l'image de Marie appendue à sa misérable couche, l'attache à sa porte, seule ouverture par laquelle entre le jour, et allume à ses côtés trois ou quatre chandelles de résine, seul luminaire connu d'elle. Dans le quartier de St.-Pierre, deux femmes dont les maisons manquent de fenêtres s'ingénient différemment ; l'une monte sur le toit peu élevé qui l'abrite et établit un lumignon à l'extrémité de chaque conduit de ses tuiles ; l'autre roule son cuvier devant sa porte, place son unique comporte sur le cuvier et entoure la comporte de petites bougies. Une pauvre vieille n'avait que son *careil*, sa lampe Carcel à elle ; elle jette un peu de suif à ses trois becs, et illumine elle aussi en l'honneur de la Vierge Immaculée. Les traits de ce genre abondent ; rien, comme le malheur, n'est sympathique au culte de Marie.

Jusqu'ici nous n'avons pas quitté la ville ; mais, si l'on voulait voir l'illumination dans toute sa splendeur et jouir de son ensemble, il fallait sortir hors des murs et gravir les coteaux voisins. Oh ! que c'est beau ! que c'est beau ! c'est le cri spontané qui s'échappait de toutes les bouches. Nous aussi, en terminant un article que nous n'avons pas su abréger, nous dirons : oh ! qu'elle était belle la ville d'Auch ! qu'elle était belle dans la nuit du 11 février ! Jamais nous ne nous sommes senti plus heureux et plus fier de lui appartenir.

J.-J. M.

Les trois Cantiques suivants sont dûs à un Directeur du grand Séminaire d'Auch, bien connu de tous ceux qui, dans notre diocèse, aiment ou savent apprécier la véritable poésie religieuse.

L'ARRIVÉE.

Salut à toi, salut, beau sanctuaire,
Où nous conduit l'amour reconnaissant !
Salut à toi, salut, aimable Mère,
O Notre-Dame, ô Vierge de Gaillan !

    Un fléau, l'effroi de la terre,
    Dont le nom seul glace les cœurs,
    S'abattit sur la ville entière...
    C'était la peste et ses horrreurs.   Salut...

    A ses coups déjà tout succombe,
    Ce n'est que morts de toute part :
    Tout va pêle et mêle à la tombe,
    Depuis l'enfant jusqu'au vieillard.   Salut...

    N'est-il donc plus d'espoir qui reste
    De survivre au cruel fléau ?
    La ville, après l'horrible peste,
    Ne sera-t-elle qu'un tombeau ?   Salut...

    Vierge, à Gaillan est ton image,
    Bien haut proclamant ton pouvoir :
    Aux malades disant : courage !
    Aux moribonds criant : espoir !   Salut...

    Et la foule, vers la Chapelle,
    Accourt, précipitant ses pas :
    « O Notre-Dame, te dit-elle,
    « Sauve, sauve-nous du trépas !   Salut...

    « Nous viendrons ici, chaque année,
    « Te remercier, Mère de Dieu :
    « La foule, à tes pieds prosternée,
    « Te le promet, t'en fait le vœu. »   Salut.

Et puis prenant l'image sainte,
On la conduit avec transport
Vers la triste et funèbre enceinte,
Où règne le deuil et la mort. Salut...

Elle se montre... et sa présence
D'espoir fait palpiter les cœurs,
Et loin de ces lieux sa puissance
Chasse la peste et ses fureurs. Salut...

Soudain, tout renaît à la vie,
Soudain, tout renaît au bonheur :
Tout s'émeut de joie et tout crie :
« A Notre-Dame, amour ! honneur ! » Salut..

Vois du ciel toute la contrée
S'émouvoir à ce souvenir,
Et vers ta demeure sacrée
Encor tous les ans revenir ! Salut...

Vois-tu, tressaillant d'allégresse,
Ce peuple au maintien si pieux,
Qui vient acquitter la promesse
Que t'avaient faite ses aïeux ? Salut...

O Vierge, à sa reconnaissance
Daigne sourire en ce beau jour :
Et donne-lui pour récompense,
Pour toi plus d'espoir et d'amour. Salut...

T. L.

LES PRIÈRES.

Entends ce peuple dans l'ivresse,
Qui chante ton nom tout-puissant,
Et te prie avec allégresse,
O Notre-Dame de Gaillan !
    O bonne, ô tendre Mère,
    O Vierge de Gaillan ;
    Exauce ma prière,
    Accepte aussi mon chant,
        Mon chant !

Entends cette foule ravie
Qui redit sans cesse en ce jour :
« O bienfaitrice si chérie,
« A toi tout cœur et tout amour ! »   O bonne...

Entends ce père et cette mère,
Qui viennent ici tous les ans,
T'offrir leur fervente prière
Pour le bonheur de leurs enfants.   O bonne...

Entends ce fils et cette fille,
Qui viennent te dire à leur tour :
« Sur nos parents, sur la famille,
« Etends ta main avec amour. »   O bonne...

Entends le juste qui t'implore,
Te disant : « Vierge, enseigne-moi
« A servir le Dieu que j'adore,
« A l'aimer aussi comme toi. »   O bonne...

Entends le pécheur qui soupire,
Qui soupire après le pardon ;
Et qui du mal qui le déchire,
Te demande la guérison.   O bonne...

Entends cette voix animée
Par les plus doux transports du cœur,
Qui te dit : « Mère bien-aimée,
« A toi, merci de mon bonheur ! »   O bonne...

Entends l'infortuné qui pleure,
Courbé sous le faix de ses maux,
Qui vient chercher dans ta demeure
Du calme au moins et du repos.   O bonne...

Entends la vierge si timide,
Fleur qui s'abrite à ton autel,
Et te dit : « Oh ! sois mon égide;
« Garde-moi pure pour le ciel ! »   O bonne...

Entends l'enfant dont la prière,
Belle d'abandon, de candeur.
Te dit : « conserve-moi, ma Mère.
« L'innocence et la paix du cœur ! »   O bonne...

Entends le vieillard qui te prie,
Te disant, tout près du tombeau :
« Que le dernier jour de ma vie
« De tous mes jours soit le plus beau. »   O bonne..

Entends ces chants qui de la terre
Vont te dire là-haut aux cieux :
« Bénis tes enfants, tendre Mère,
« Et tes enfants seront heureux ! »   O bonne...

         T. L.

LES ADIEUX AU DÉPART.

  Ave Maria !
  C'est la prière,
  Que la dernière,
  Mon cœur, ô Mère,
   Te dira :
  Ave Maria ! (4 fois).

 Adieu Gaillan !... Adieu Marie !
Adieu trop aimable séjour !
Adieu saint asile où l'on prie
Avec bonheur, avec amour !   Ave...

 Adieu Gaillan !... Adieu Marie !
J'arrivai le cœur plein d'espoir :
Je m'en vais heureux et m'écrie :
Qu'il est grand ici ton pouvoir !   Ave...

 Adieu Gaillan !... Adieu Marie !
Je te confiai mes douleurs :
Et dans mes yeux ta main bénie
Tarit la source de mes pleurs.   Ave...

 Adieu Gaillan !... Adieu Marie !
Ici j'ai trouvé le repos :
Et dans cette enceinte chérie
Je laisse à jamais tous mes maux !   Ave.

Adieu Gaillan !... Adieu Marie !
Par toi je revis au bonheur :
Aussi permets-moi, je te prie,
De t'offrir en retour mon cœur.   Ave...

Adieu Gaillan !... Adieu Marie !
Oh ! pour couronner ton amour,
De vertus embellis ma vie,
Et de bonheur mon dernier jour !   Ave...

Adieu Gaillan !... Adieu Marie !
O Mère, assure mon chemin ;
Et de l'exil dans la patrie
Conduis ton pauvre pélerin.   Ave...

Adieu Gaillan !... Adieu Marie !
Jamais reviendrai-je te voir ?
Je l'espère, ô Mère chérie :
Confirme et bénis cet espoir !   Ave...

L.

www.ingramcontent.com/pod-product-compliance
Lightning Source LLC
Chambersburg PA
CBHW060709050426
42451CB00010B/1352